希

J A K I

有人问我"难道你没有烦恼吗，你只看到这个世界的好吗"，这个世界美就美在我们都活着，而且还可以评论它的好与坏；妙就妙在我们都可以通过自己的努力让它变得更美。

也许喜欢《女朋友要带回家》，你才会喜欢我；
也许喜欢我，你才会把我的写真带回家。

领导说，出写真嘛，没别的，就是写些鸡毛蒜皮的小事再配上一些照片。
如果可以，我希望和你分享这份知足和快乐。

HAPPINESS IS ON YOUR WAY HOME·YEAR BOOK OF YOUNG IMPRESSION OF JAKI

快乐你要带回家·谭杰希青春印象纪念册

图书在版编目（CIP）数据

快乐你要带回家 · 谭杰希青春印象纪念册 / 上海天娱传媒有限公司编. —— 长沙 ：湖南少年儿童出版社，2011.3

ISBN 978-7-5358-6371-3

Ⅰ. ①快… Ⅱ. ①上… Ⅲ. ①谭杰希－生平事迹－摄影集 Ⅳ. ①K825.76-64

中国版本图书馆CIP数据核字(2011)第028355号

责任编辑：周霞 罗晓银

总策划：小妮子
流程监督：张焱
设计总监：Sean.L
外联企划：汪俞岑
执行策划：汪俞岑
首席文编：汪俞岑
首席美编：张鼎
图片后期：张鼎
市场推广：方阳 余欣
特派记者：FAN 小妖

出品人：张勇 龙丹妮
总监制：杨柳
监制：倪毅
宣传总监：徐冰
艺人总监：张旗 张宏凯
艺人统筹：胡英鸫
艺人经纪：鲁泽宇
项目统筹：李晓宁
宣传统筹：柳辉 赵泽
宣传推广：程一洋 唐勇
网络统筹：陈品优 余静
经纪公司：天娱传媒

特约摄影：刘迎（HONG）
化妆造型：王建华
服装师：王建华
舞台及花絮摄影：小塔 郭欣霖 郭颗
舞台服装设计：张弛
场地鸣谢：

出版人：胡坚
出版发行：湖南少年儿童出版社
地　　址：湖南省长沙市晚报大道 89 号　邮　　编：410016
电　　话：0731-82196340（销售部）　82196313（总编室）
传　　真：0731-82199308（销售部）　82196330（综合管理部）

经　　销：新华书店
常年法律顾问：北京市长安律师事务所长沙分所 张晓军律师
印　　刷：长沙三仁包装有限公司
印　　张：10　开　　本：889mm × 1194mm　1/20
版　　次：2011 年 5 月第 1 版　印　　次：2011 年 5 月第 1 次印刷
定　　价：49.80 元

快乐你要带回家 JAKI

·谭杰希青春印象纪念册

上海天娱传媒有限公司 编

湖南少年儿童出版社
HUNAN JUVENILE & CHILDREN'S PUBLISHING HOUSE

谭杰希 米露

JAKI
快乐你要带回家
谭杰希青春印象纪念册

“哇塞！这照片上的人是谁啊？也太丑了吧！”
“我看看，黄衣服的，呃，不就是你吗？”

不知道大家有没有觉得，照片上的自己总是很丑，比自己在镜子里看到的，丑多了。

其实，我小时候觉得自己长得还是挺帅的（番茄飞过来砸到我脸上之前请看完），不知为什么，现在变得黑黑瘦瘦又四眼钢牙的。

我有一个非常漂亮的妈妈，和一个她可以接受的爸爸。亲朋好友都夸我长得好，瓜子脸，眼睛大，鼻子直，只是矮了一点点，瘦了一点点。

小时候，我并不知道过年听到的都是好话。于是乎，我因为他们的夸奖，开始喜欢打扮，尤其是非常爱照镜子。

小学时，我留的发型是当年最流行的中分。当然，三七也尝试过，最后钟情于四六。就这样，上初中后的我，还经常取笑李阳“眼睛小如米，肥膘壮如牛”。高中以后，更是镜子无处不在，我无处不照。

大学有一次参加活动后，Rei带来很多活动的照片，我觉得照片很难看，严重不满相机质量、拍照技术和灯光角度。这时，他的一句话让我清醒了——

“你不就是这个样子吗？”

带着一种梦醒般的失落，我回到了寝室。

我对着镜子。

我发现，我是个帅哥。

我也发现，每当面对镜子时，我都会本能地做出同一种表情……

我还发现，这并不是我自然的表情。

终于，我发现，我并不算帅哥。

我还发现，我看到的只是自己好的一面……

每个人都有自己好的一面，也有不好的一面，在别人眼里看来并不明显，可自己却感觉差很远。

也许我们都太把自己当回事儿了，也有可能我们都只看到了自己最大的优点。但不可否认的是，你身边的人都是你的朋友，无论你的美丑。

这本写真集是我人生中第二本写真集。

第一本是2010“快男”12强的合集《ZERO·距离》。而这本，才是我真正意义上的首本个人写真集。

在这里，收录的都是我最美的状态。当然，这些并不是我一个人的努力。这是因为有专业的摄影师、个性化的摄影棚、华丽的服饰，在领导认真的筛选和美编精心的PS后，再配上“娱乐时尚星潮人偶像”作家的华丽文字的终极体。

这本很美的写真集不仅让你们看到了最真实的我，也让我提醒着自己，每个人都愿意秀出自己好的一面，但也要学着接受自己不好的一面，并且还要学会进步和改善，让自己的不完美也成为一种美。

我初一的时候才1米4，我喜欢的女生1米6！我完全不懂乐谱，但我喜欢写歌！我牙齿长得不好，可我愿意开怀地笑！我经常破音，可我愿意唱K！我上台紧张，我就要竞选学生会！我喜欢过的女生成绩比我好，我愿意恶补！虽然我四眼钢牙，但我就是出了很帅的个人写真集！这绝对不是因为我把眼镜摘了，还穿了长裤的缘故！

各位！为了可以幸福地躺在沙滩上，努力吧！

不管镜子的那一边好不好看，让镜子这一边的人，成为更好更美更幸福的人吧！

谭杰希

2010年12月31日21点12分

他有很棒的音乐想法和创意，
他有非常华丽的吉他的指法，
他有颗热爱生活和工作的心，
他是热爱一切美味的美食家，
他非常有主持和演戏的天赋，
他是喜欢一切美好事物的人，
他是我的好朋友，
他的名字叫谭杰希。
几个月前和他打赌我输了，
所以欠他一次英国旅行。
他可以很搞笑，也可以很帅，
不信？你看——

李炜

2011年1月19日1点30分

年轻本身就是“美”，拥有才华的年轻可以称之为“帅”，而“有才华的阳光健康的年轻”可谓“迷人”！向你推荐这本迷人的写真集！

小柯
2010年12月21日

今天给大家推荐一个“敌人”……

因为我觉得以这家伙迅猛的发展速度，要不了多久就会成为歌坛、主持界，甚至戏剧界一个强劲的对手！所以，要推荐他，我内心有过实实在在的纠结和担忧……

基于对自己的信心，更因为对他的喜爱，我还是要大声地为他叫好！

可是啊，我也在想，什么时候杰希才能学会这个圈子里的游戏规则呢？有没有人教教他？

牙套不需要每次秀……花短裤最好别回回穿……

比赛不能全是原创歌曲，要唱点大俗的歌……女朋友的事不要老挂在嘴边……

做采访要含蓄要有偶像范儿……当艺人要积极，要懂得抓住机会……

通通不懂的谭杰希，就这么干干净净没有攻击性地来闯娱乐圈，让我们为他的战斗力担心，可是我们喜欢的不就是这么真这么纯天然的杰希吗？

杰希不世故　可是他绝对不傻。恰恰相反，他智商很高，情商也不低，这从他写的歌词就能看出来，他只是不想做一个没自我的艺人……

有一天杰希开心地跟我说：我写真集里的照片很帅呢，有点儿不像我。我反问他，怎么你觉得自己不帅吗？他挠挠头，特别“谭杰希”。

看着这个“今天丢钱包、明天丢手机，为恋爱牵肠挂肚，天天问我什么时候可以回请我看电影”的大男孩，我有点儿懒得告诉他——

其实他第一次参加海选的时候，导演就已经兴奋地告诉我，来了一个特洋气特有范儿的奇葩！我不想夸他，因为爱他的夸他的人一直都有，我就用我“警惕敌人”的心情，在角落里盯着谭杰希——看你要怎样！

何炅
2010年12月20日

快乐你要带回家·

谭杰希青春印象纪念册

JAKI

HAPPINESS is on your way home

Year book of young impression of Jaki

那天小字哥告诉我要准备写真用的文字，

我问：“要写啥？”

他答：“啥都可以。”

“什么都可以吗？”

“是的。”

好吧， 那我开始写了。

JAKI

青春像飞驰的列车，满载着梦想和快乐，穿越时间隧道，开往下一个目的地。

透过玻璃看向窗外，你可以发现，世界的尽头，其实就在自己的眼前……

22年来在各种场合出入洗手间无数次的我，发现居然有一半的人从厕所出来是不洗手的。请耐心等待前面照镜子的先生或女士，因为出来后你可能还要握手和吃饭！

今天我和Leon本来想去超市买桌子和灯，结果买了很多吃的。在埋单的地方，又是很多人在一列一列地排队。我们站在一位老奶奶后面，她动作很慢。而我们身后紧跟着一个年轻人， 好像我们每往前走一步他都要走一步半。我问Leon要不要站到旁边比较快的那一列，他说：“就站这里吧，这样就可以保持和老奶奶的距离，不会让她有紧迫感。”我恍然大悟。

从心出发，呼吸着冬天北京那冰冷的空气……

虽然我不断告诉自己只有保证充足的睡眠人才会好看，但是拍摄写真的前一晚我只睡了三个小时。

六点钟起床，迎接我的是不太友善的天气，但这似乎并没有影响拍摄计划，毕竟，大家的心情还是非常理想的。青春啊， 难道就是不睡觉第二天继续high！？

YOUTH
•
IMPRESSION
•
AUTOGRAPH ALBUM

一开始，我对这次的拍摄没有什么概念，以为只是一次普通的通告，但是直到去了拍摄现场我才发现，这次的写真跟初一军训时、在别人脱衣服时偷偷拍的“写真”有点不同。

主题、道具、布多布少的衣服，不仅有在屋子里拍的，也有在屋子外面拍的……

大家高涨的热情和隆重的架势，似乎让这个大冬天因为大家脸上喜悦的笑容，而变得如火如荼。

有些机场从安检口到登机口有几百米远，所以会有很长很长的传送带。那天有个女人特别着急地从我左边跑过，说着“不好意思不好意思”，到前面被两个聊得正high的高大男人挡住了去路，而他们前面分别是一对肩并肩依偎着的情侣和一位站在传送带左边的妇女，扶着右边的行李车。这个赶飞机的女人只好无奈又焦急地眺望着……其实很多传送带中间会有条黄线，大家可以站在右边，让出左边的通道给赶时间的人通过。

这次的拍摄很high，high完总是会累，但越high到后面，越发觉得这本写真集真的很值得期待。

这还真不是官方的说辞，因为平时对自己的形象没太多要求，你知道，我一直秉承“只要不吓死人就可以”的态度活了22年，而这一次有了很多新的尝试。

无论是日本街头的服饰，简单的搭配，还是很酷很摇滚的造型，都让我有一个错觉——也许我可以帅得更明显一些。

这不仅是一个里程碑式的全记录，这也是留住青春最好的方式。

TIME FLIES FAST, FASTER THAN YOU RUN,
WHY NOT JUST SLOW DOWN AND TAKE A PICTURE.

JAKI

SO YOUNG

JAKI

这里记录了我的现在和过去。以后等我头发掉了，牙齿没了，肚子凸出来了，儿子不听话的时候，我就拿出这本写真，对他说：“你爸年轻过，你老过吗？”

BEIJ

ING

北京

SOMEONE LIKE YOU,SOMEONE LIKE ME,SOMEWHERE ONLY WE KNOW WE NEED TO BE.

我出生在广东梅州，记得在很小的时候，因为老爸老妈工作的关系，妈妈抱着我坐飞机去了深圳。虽然离开了我出生的地方，但是每年暑假，我都会回梅州，去探望在这个世界上第一个抱我的阿婆。『阿婆』听起来有些土，可客家话就是这么叫的。

记忆里的生活总让人非常憧憬，我和表弟摘果子、喂鸡，哪只鸡比较霸道，我们还要为其他的鸡伸张正义……快乐的生活似乎随着年龄的增长而容易被忽略。我们总是津津乐道着过去，却忘记了现在的美丽。最现实的是生活，最简单的是要快乐。

虽然“快男”比赛结束之后，为了工作，我和其他“快男”一起定居在了北京，但是，深圳还是我心里最惦记的城市。

也许一个城市的文化底蕴、经济水平，和美女数目为我们心目中的现代城市设立了一个相对客观的标准。但我一直相信，你如果爱上一个城市，那一定是因为你最美好的回忆发生在这里，简单来说，就是与喜欢的人做喜欢的事。

从打架输给女生的机关幼儿园，到假装与某人同路上学的荔园小学，再到经常迟到的华侨城中学，我一直待在这里，深圳。在我人生价值形成的最初，它给我留下了最温暖的回忆，所以很难不爱这个城市。

2005年10月21日我从皇岗口岸离开了深圳，自己一个人在加拿大的日子经常想到祖国。星期一的升旗仪式，放学后的篮球场，被卫生局封了的桂林米粉店……那时我常常听X-Japan的歌，当时是他们的歌让我想学电吉他，听着总会想起在国内的时候。

JAKI

老爸与老妈的二三事

以前经常听到有人说“哇，都长这么大了，几乎认不出来了”，现在也能听到这样的感叹。对于曾经扎根的城市又何尝不是这种感觉呢，每次从多伦多回来我都会特别留意大街的两边，哪间店是新开的，哪间店又倒闭了。

我的爸爸是个商人，做外贸工作，大学时期是武术学会的会长或者是学生会主席吧，对任何事都很积极的他特别惜命，打个比方，去饭店吃饭他都会借口上洗手间看看安全出口在哪里。当然，怕死是我取笑他的说法。珍惜自己的身体，珍惜自己的生命，这也是他对我潜移默化最深的部分。

很多人喜欢问：“你更喜欢爸爸还是妈妈？”这种看似无聊的问题其实反映了非常有趣的家庭现象。小时候，和我接触多的一方自然会被我喜欢。所以那时候是我妈。长大了，答案依然是我妈。但如果回答这个问题“受谁的影响更深”，小时候是我妈，因为爸爸很忙。可是到了15岁以后，我爸那些大道理和“废话”都慢慢被我很不情愿地理解了，接受了，要知道“废话都是真理，真理大部分都是废话”。所以，我这个“话痨”也是有原因的。

另一个关于我爸的很积极的例子是：哪怕是他一无所知的领域，他都会勇于尝试并且信誓旦旦。当然积极的部分不在于“信誓旦旦”而在于“勇于尝试”，比如他总是喜欢在妈妈不在家时给我做饭，劳民、伤财，破坏胃口，有时还会浪费粮食。可是，当我们在鄙视别人做的事情时，自己是不是也能勇于挑战呢？所以，我决定保留我的态度。

JAKI

我一度认为我妈妈是个没有爱心的女人。因为我们家从来没有养过动物，连校门口两元一只的小鸭子都不让我养。 有一次暴雨雷鸣的天气，我们家17楼的空调架上有一只淋湿的小鸟在发抖。我看它集可怜和可爱于一身，特别想收留它，我求我妈收养它，可是最后她也没答应，特别不情愿地把鸟儿抓进来，然后放进一个鞋盒里就催我睡觉了。我在房间里一直哭，因为我知道我妈肯定不会让我养小鸟。直到我妈说她把小鸟给邻居收养了，我才不那么难过了。多年以后她告诉我她是骗我的，她不养小动物有两个原因：第一，不卫生；第二，是因为一个故事。

曾经的往事，破碎的记忆，用45°视角仰望未知的世界，把自己困在原创音乐的世界里。

外公在农村老家很受人尊敬，常有人托他看东西。有一次一只狗被外公领回家，很大、很帅的狗。 我妈、我二姨和三舅都很喜欢这只大狗，每天都和它一起玩，还把肉偷偷地喂给狗吃，换做这个年代，可能相当于喂驴吃鱼翅吧。有一天狗的主人回来了，要把它吊死。狗狗仿佛知道了自己的命运，那天它失去了往常的活泼，眼神里满是害怕和哀求。 尽管三姐弟不断地求外公，大狗还是在他们面前被吊死了，临死前还掉了一滴眼泪。从那时起，我妈妈就发誓永远不吃狗肉，也不再养宠物，因为如果有一天你付出很多感情的动物比你先离开这个世界，你会很难过。

YESTERDAY IS A HISTORY,TOMORROW IS A MYSTERY.
TODAY IS A GIFT . THAT'S WHY WE CALL IT PRESENT!

在我的记忆中，爸妈生日或是母亲节、父亲节什么的，没心没肺的我都没有给他们送过什么礼物。唯一有点儿印象的，似乎是在小时候曾给妈妈画过一幅画像，而且画得很不好看，但是，这些并不代表我不爱他们。

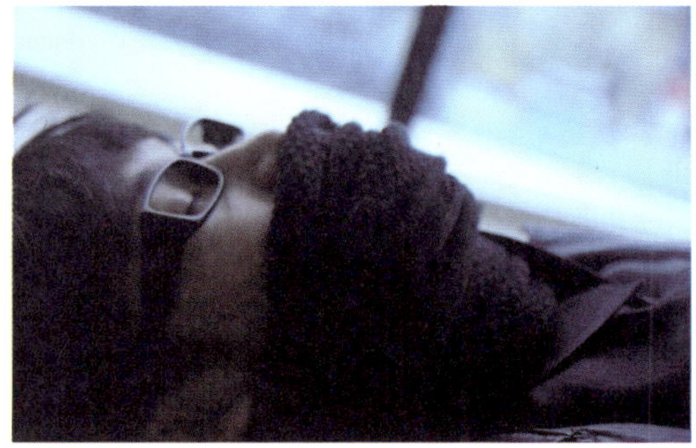

美国人很喜欢在亲人出门前对他说“我爱你”，并不是他们迷信，而是他们不知道这是不是他们最后一次见面，所以他们会把握每一次表达爱的机会。每个年代都有它表达爱的方式，每个地方也都有着不同的习俗。在中国，80后的孩子如果回家大吼“爸妈我爱你！”可能第一个受不了的是自己。况且父母也未必听得清。顺其自然吧，说“爸，妈，我回来了”也挺好的。

有人说台上的我和台下的我判若两人，甚至有点精神分裂。

有人说台上的我和台下的我判若两人，似乎有点精神分裂。

很多教师或主持人都有一个问题，就是在台上说话太多，回家后半句也不想说。

这是为了保持一种平衡，身体和精神都是。

所以可想而知，同是射手座的李炜在台上那么拘谨，台下是“神马”样子，呵呵。

LEARN TO KNOW ME

任何一个人都有不同的情绪。

在台上，看着台下那么多支持我的歌迷，内心很高兴，同时也会紧张，因为我希望自己能表现得很好。很多时候兴奋和紧张只有一线之差。

好的表演一定是需要兴奋度的，可是兴奋过度很紧张又会影响正常的表现。好吧，我只是为自己唱得不好开脱而已，呵呵。

But I know,我永远看起来都像是很轻松的样子。

每个人紧张时的表现不同，这东西没办法去改变，习惯了就好了。

有一次我在多伦多时的同学回来，下了飞机我就带他们去吃深圳最好吃的路边烧烤，不知道当时聊到了什么，我朋友说“是啊，人就是越活越不快乐的”。这句话或许解释了为什么人总是怀念过去且感到现在的压力日益增大。可是，每个阶段每个人都会有压力和烦恼，只是过了那个阶段，只留下比较美好的回忆罢了。我一直挺欣赏善于思考的人，尤其是生活方面，但是，千万别以为想得多就是好的。有人研究过，其实聪明的人并没有相对不那么聪明的人活得快乐，因为不聪明的人思想负担少一些。也许就是人们说的“知足常乐”吧。思考，并不是为了让问题复杂化，而是为了得到一个简单的结论从而解决以后类似的问题，所以，如果你想通了一件事情，不妨用录音笔或者文字记录下来，以后可能会成为鼓励自己的动力哦！

朋友眼中的JAKI

Daniel说：“他是一个有想法，并且想法很奇特的人。当他一个人安静的时候，电视里的剧情和身边的一些事情，都会让他的思绪天南地北地天马行空，这不仅成了他创作的最好的灵感来源，也是各种无厘头问题的开始。”

享受生活

Adward说：『他其实并不是那么地热衷于集体活动。他喜欢在有空的时候，尤其是忙碌过后空闲的时候，先好好地睡上一觉，然后再一边吃东西，一边看书、看电影，或者看些好看的电视剧，然后大叫「幸福的生活啊！」等看到疲倦的时候，又不洗澡地睡一觉，有时候他还是挺好满足的。』

Bill说：“ 他很爱闹，而且我们之间的幽默也许是别人不理解的，其实，自己开心就可以。”

AT PRESENT

BY AND BY

ELEGANT LIVING

有人说过，人的生活水平可以按照恩格尔系数来衡量，大概意思就是看吃的开销大还是用的开销大，吃的开销占更多的人，就属于“贫困水平”。相对于李炜的注重穿着，我发现我几乎所有开销都用在了食物上！原汁原味的东西我都喜欢，特别是甜虾、海带、海胆、牛肉、生蚝、醉蟹……Oh Jesus，是的，有人说过我是原始人没进化完全，爱吃生的食物！

JAKI

EVERYTHING OUGHT TO BE BEAUTIFUL IN A HUMAN BEING:
FACE, DRESS, SOUL AND IDEAS.

ARC
JAKI
谭杰希青春印象纪念册
HAPPINESS OF LIFE IS THE CONVICTION THAT WE ARE LOVED.

JAKI

快乐你要带回家·

谭杰希青春印象纪念册

HAPPINESS is on your way home ·

Year book of young impression of Jaki

JAKI

爱音乐，爱梦想，爱生活，
简单的七音符，却可以变成纸上描述梦想的铅字。

我是一个好学的学生，
只是在调皮捣蛋这个领域内比较有天赋。

JAKI

The important thing in life is to have a great aim, and the determination to attain it.

小时候学过国画、书法、高尔夫。可是一个人玩太没意思，我还是比较喜欢和同学打篮球，打羽毛球，游泳什么的。

爱好有点多，多到没有一样是精通的！！

1995，1996年获第七届，第八届“双龙杯”全国儿童书画大赛铜奖

1999年获第八届“小百花杯”少年儿童书法绘画儿童组绘画三等奖

2003年深圳市华侨城中学硬笔书法一等奖

……

这是怎么回事呢？

四岁时候的一个周末，我跟妈妈去少年宫散步，看到好多人在围观什么，妈妈就带我去看，发现原来是有很多和我差不多大小的小孩在写毛笔字。妈妈问我想不想也让这么多人围观？小时候虚荣心很强的我立马一口回答：想。

就这样，我报名去学毛笔字。我一直努力练习，可是到后来才发现，原来只有周末的时候才会有人看我们写字，而且看的人并不多。

外婆家门口的“康华楼”三个字是我6岁的时候写的。

“康”是外公名字中的一个字，“华”是我爸爸名字中的一个字，寓意着健康，两个男人带领家里的子子孙孙健健康康地生活。

妈妈之所以让我去学毛笔字，是希望我的字别像老爸的字一栏丑。用她的原话来说：男人应该写得一手好字。

可最终事实证明，学毛笔字也没有太大的用，虽然得了不少奖，但我现在的字依然写得不怎么好看（笑）。

HAVE NO FEAR OF PERFECTION — YOU'LL NEVER REACH IT.

有人问我“难道你没有烦恼吗，你只看到这个世界的好吗”， 这个世界美就美在我们都活着，而且还可以评论它的好与坏；妙就妙在我们都可以通过自己的努力让它变得更美。

现在闲下来时最想做的，可能就是去李阳家里八卦一下他的感情生活，玩一下过气的网络游戏，再叫个外卖吃。

强大的心理暗示真的很重要。

每个人都一定要相信，自己所想要做的正确的事情，就一定可以做到。

JAKI

青春是一首歌

把牙套留给我的大学生涯
将花短裤挂在明天阳光下

“心理暗示”从另一个角度来看就叫做自信，因为你要暗示自己做一件事会成功，就会充满了信心地去做，将想要表达的东西发挥得淋漓尽致。

这跟星座也很相似，比如说我是射手座，射手座的特性是“向往自由，热情奔放”。其实每个人都会有热情奔放的时候，但是你看到有更客观的言论说，射手座“应该就是这样子”的时候，你就会更倾向于这个特性，从而让自己更加热情奔放。

JAKI

At twenty years of age, the will reigns;
at thirty, the wit;
and at forty, the judgment.

AND SO ON

知道吗，如果每天晚上睡觉前对自己说“我要长高，我要长高”，坚持下来，你真的会长高的。生长激素对营养的要求并不是十分苛刻，尤其是以现在学生的营养摄取量而言，所以心理暗示就显得尤为重要了！

生活中没有什么可怕的东西，只有需要理解的东西。

JAKI

你不一定是那个最刻苦的学生
但是你要做最有想法的那个

HOPE YOU ENJOY YOUR LIFE

名次不重要，开心最重要

在我读高一上学期的时候，学校举办了英语歌唱比赛，我第一次担任了英语剧的导演及编剧，要把一篇《百万英镑》的课文改编成音乐剧表演，并参加英语剧比赛。

这个故事讲的是一个乞丐意外地得到了一百万英镑，从一开始别人不理他，到后来很多人恭维他。可笑的故事本身就具备了幽默的成分，于是我就把它放大，改编成了一个喜剧版本。结果，围观的人笑翻了，对手笑哭了，老师尴尬了。

毕竟是要代表学校参加市里的比赛，我们班最终只得到了最佳表演奖。而拿到第一名的那个班的同学跑来跟我们说："你们才应该拿第一。"

愿意与人分享荣誉，也是很棒的一件事情。

虽然没能参加市里的比赛，但我们排戏的那帮人也因为共同的目标而一起努力过，大家看了也很开心，虽然有些丢脸，不过很好玩哦！那种感觉最棒了。

英伦格调，复古场景，2010年夏天的那个“牙套小王子”正在慢慢蜕变。

我曾经自告奋勇地去当课代表，也成功了，只不过在任职期间，老师一直想换掉我。（笑）

高一的时候老师问：“有没有人想当课代表？”有一句粤语是“识小小扮代表”，于是我就毛遂自荐去当课代表。谁知道，我自己整天不交作业，并且滥用职权，谁和我关系好我就不记他的名字，哈哈。

对于我学吉他，爸妈觉得好不好？这个问题就像问爷爷，周杰伦的歌好不好听一样，没有办法给出答案，因为我们不是一个年代的产物。

最开始学吉他的时候，因为滑音的手法不是很对，无名指上刻出了一条深深的“轨道”，连里面的肉都清晰可见。也因为这条“轨道”，我学了两个月的吉他就得奖了。

2005年的时候，参加学校的英语歌唱比赛，侥幸获得第三名。现在回想起来，当时还蛮拉风的。呵呵。

任何人都有创造力，只是看他有没有将灵感记录下来。

我唱歌谈不上有什么技术含量，而我的创作也只是把自己觉得值得记录的事情写了下来。

我第一次写歌是在2007年，出国之后上大学前的那段时间。

我们学校有黑人、黄种人、白种人，不同的人却有同样的感受。远离自己的家乡来到这里，生活环境以及很多事情跟想象中的都不一样，会有开心的时候，也会有很想家的时候。

因为要离开高中去上大学了，于是我写了一首英文歌，叫《Gift from Time》（《时间的礼物》）基本上我提了许多青春期留学生都爱问的问题：

比如：为什么吃个盒饭都要国内看电影的价钱？为什么老师看我特别不顺眼？为什么顺眼的女生旁边都有个不顺眼的男生？为什么漂亮的女生总在隔壁班？当我鼓起勇气去找她的时候她已经毕业了啊…… 好吧，时间都会给这些问题一个不明不白的答复的。

JAKI

ORDINARY PEOPLE MERELY THINK HOW THEY SHALL SPEND THEIR TIME; A MAN OF TALENT TRIES TO USE IT.

2001年13岁我第一次出国，去英国南部的一个小岛。

这是一个全球性的夏令营组织，五大洲都有小朋友参加。而每个国家放假的时间都不一样，所以每个星期五就会有一批外国的新朋友来到这里。

而只有每个周五才能够多吃一份食物，因为那天有迎接新生的晚会。所以，每个周五，我和朋友都会装一次新生，而诀窍就在于：点餐的中途问“麻烦问下洗手间在哪里？”

THERE IS NOTHING PERMANENT EXCEPT CHANGE.

当时我有个室友是南美人，非常帅的小孩，跟我们几个中国小孩一起玩。起初，他看见我们讲中文觉得很有意思，可后来他有点受不了了，说道，你们讲话我都听不懂，然后就在我们面前开始飙英语。我们也听不懂（笑），最后他就搬走了。

从那以后我才知道，人与人之间的尊重不仅体现在行为上，语言上也是一样的，一定要让在场的朋友都听得懂你讲的话，否则时间长了他会有孤立无助的感觉。

JAKI

路一直都在。

爸爸的坚持，决定了我出国的路。

1997年的时候，爸爸被公司派去美国，回来的时候他已经胖得让我不敢叫他爸爸了，怕认错人。

记得当时他跟我说，外国人的思维方式比较开放，可以给我们更多的可能。

因为有了新的认识，爸爸决定要把我送出国。

我们家里的条件很一般，而且那时候我妈妈一点都不赞同，她觉得与其花那么多钱去别的国家，倒不如把这些钱用来买衣服、吃好的之类的。

可是，爸爸坚持要送我出国长长见识，那次的商谈只是一次普通的家庭会议，可是，我怎么都没想到，出国的这一天来得这么快，这么突然……

在我演完英语剧之后的一天中午。

我正在篮球场打篮球，一个同学跑来说：『谭杰希，你妈来了。』我说：『你妈才来了。』同学说：『你妈真的来了。』我说：『我妈怎么可能来？』见我不相信，同学就跟我说我妈戴什么样的眼镜，有多高，梳什么样的头发……我说：『咦，好像真的是哦……』

见到妈妈，我很疑惑，因为这又不是家长会时间，妈妈怎么会来学校？

我问：“妈你来学校干吗？”妈妈说：“走啊，去加拿大。”我说：“哦……”半秒后我才反应过来，“什么？去加拿大？”妈妈说：“是啊，之前不是跟你说过的吗？先办签证，现在签证已经办好了，那边来通知说开学了。”我点头：“那好吧。”

就这样，48小时后我就到了多伦多旁边的一个小镇——哈密尔顿，还记得那时坐在宿舍里，对面躺着一个陌生人，黑糊糊的窗外下着很大的雨。

第一天晚上，室友叫外卖，问我要不要一起叫，我一看菜单，炒粉7块5加币还要另外付给小费和税，我嫌太贵了，就说“算了我不饿”。结果半夜饿得要死，悄悄把室友吃剩一半的饭盒拿到楼下，等餐厅开门的那一刻放进微波炉里加热，然后消灭掉。那是我吃过最好吃的“星洲炒米粉”。

通常讲到初出国门，都会觉得很心酸。可我第一次去加拿大事实上却是蛮high的。在那里，我尽量融入我所遇到的环境和人群中。每样事情对我都充满着新鲜感。不算长见识，算是有了基本的生活自理能力吧，也许，妈妈最后向爸爸妥协是正确的。

WHAT YOU ARE YOU DO NOT SEE, WHAT YOU SEE IS YOUR SHADOW.

JAKI
快乐你要带回家·
杰希青春印象纪念册
HAPPINESS on your way home ·
ession of Jaki

JAKI

Walking with me.

徘徊在多伦多街头的海派少年

JAKI

到加拿大的第一天正下着雨，而且还是晚上。想想两天之前我正在国内的学校打篮球时被老妈喊回家，两天后就到了地球的另一边。这种感觉还蛮奇妙的。

AFTER A WHILE

YOU HAVE TO
BELIEVE IN
YOURSELF .
THAT'S THE SECRET
OF SUCCESS.

JAKI

当时我的英文水平并不算特别好，但我是那种特别敢说的。

不知道是否儒家思想把大家教育得比较害羞腼腆，中国人在国外生怕自己英语讲不好而不敢说。

我只能告诉自己：讲不好，痛苦的又不是你，而是对方。讲多了，自然就流畅了，信心就更强了，对英语的应用也会更加得心应手。

我在中国几乎没有过过高中生活，所以我大部分有关高中的记忆是在哥伦比亚国际学院（Columbia International College），简称CIC，因为中国学生挺多，有时我们也戏称为Chinese Immigration Centre—— 早上9点至下午4点我们待的地方。

有时我想，如果在中国上高中就没什么业余时间了。早上可能8点多就上第一节课，一直上到晚自修结束，10点多钟才能回家，没有任何一点时间可以安排自己的业余时间。换句话来说，在CIC我有时间练琴了。

2006年我认识了一个同样来自深圳的同学，并且是个非常优秀的鼓手，我们一拍即合，虽然只有鼓和吉他，但是我们经常在学校玩到保安锁门、饭堂关门、回家拍门。

不仅在音乐上，其实我还有很多一起吃饭的『饭友』，一起打『魔兽』的『戏友』，如果我有一天在大街上见到他们，我一定会把以前的趣事说十遍，倒霉事说一百遍，呵呵。

我常说“我室友bla，bla，bla”，Bill就非常困惑：“哪个室友？中分发型的那个还是家里搞煤矿的那个？”

我说：“中分发型那个家里就是搞煤矿的。”

的确我是有过非常非常多的室友，正如我说的，出现和离开的人一直都有。

在搬离我偷吃他吃剩的炒粉的那个室友后，我搬到了一间四人房，和新生一起住。

我们起初感情很好，经常周末一起去吃川菜，然后回家玩“魔兽”。后来有人恋爱了，有人家里出事情了，有人嫌弃某人了，好吧，我就是被嫌弃的那个。可能是南北差异吧。曾经我们带着共同的梦想住到一起，后来我们各自走了不同的路，互相祝福吧。

在我刚到CIC的英语初级班时，我的左边是一个香港人，我一直以为他是印尼人；香港人的前面是一个北京人，我一直知道她是北京人。

有天香港人要向他前面的北京人借纸，憋了半天，最后他还是以极不流利的英语与之对话，我当时快笑死了。大家都是中国人，请练好普通话！香港人在我发烧的时候搬来和我一起住，拿药给我，成为了我最好的朋友。学期末我回国前一天的晚上，他说要请我吃外卖，我们点了一份宫保鸡丁、一份鸡翅，还有……不记得了，反正当时觉得很奢侈。第二天一早我就把东西收拾好去赶飞机了。我没有叫醒他，只留了一张纸条。两个月后我回来的时候，他已经转学了。

我所住的那间房可是两栋男生宿舍中唯一一间有独立卫生间的双人房。香港人搬走后很快便有人被安排进来了，只是没想到会是个俄罗斯人。白天我们有各自的圈子，见面如同陌生人，只是点点头，哈腰都省了。晚上我们却是无话不谈的国际友人。他说，如果有一天我去俄罗斯玩，一定要告诉他。可惜的是，我加了他MSN四年了，都没说过一句话，哈哈，也许因为一直没有去东欧的机会吧。

世界很小，在CIC的最后一年，我在饭堂认出了我的小学同学。还认识了他高中时的学生会主席和副主席： Adward和Bill。如果说男人总会聊到女人和事业，那么男生在聊到恋爱和讨厌的老师时就会很快熟悉起来了。和Bill成为室友后，成绩和开支一起直线上升。高中毕业前的一学期几乎没上过课，起床就到了下午了，直接点外卖，然后Adward闻到香味就会从三楼冲下来。我们一起洗衣服、收衣服，备考托福，一起拿到一堆堆的大学录取通知书。

CIC的高中时光让我发现边吃外卖边看电视剧也可以是世界上最幸福的事情。当韩剧都是关于一个穷公主和两至三个富王子的故事时，日剧一直以热血的奋斗精神让我享受着每一天的高中生活。我表弟还是高中生时，我介绍他看《My Boss My Hero》，之后就再没听他抱怨过学校了。

还记得入学时，我问过CIC的校长：“我们学校有考上多伦多大学的吗？”只记得当时她一笑置之。一年半后，我以90.7的平均分和99分的托福成绩考进了多伦多大学商学院。我开心的不是向朋友炫耀自己的成绩，而是发现只要努力就可以成功，并且第一次感受到了成功的喜悦。陪伴我考学的是《龙樱》这部电视剧：一帮二流学生为了上东京大学而努力奋斗。也许我就是一个二流学生，只要有一流的梦想，就是成功的一半。

ALL IS WELL THAT ENDS WELL.

其实并不是每个人都适合去出国学习。在我认识的所有留学生里，也许只有五分之一的人完成了他们最初对自己设定的目标。太多的人在我的身边出现，然后消失，很多也一起努力过一起笑过，这种感觉很幸运也很无奈，因为曾几何时，我和这些好朋友一起经历过最疯狂的日子，然后在许多年后某个街头相遇却没有办法认出对方。 是不是像电视剧中的老套镜头？艺术并不一定要高于生活吧。有人做过不完全的统计，在街头遇见的平均每十个陌生人中就有一个是与你有关的人，也许是亲人的朋友，朋友的死党，前女友的表弟等。 言归正传，每个人都有自己要走的路，擦肩而过也是美丽的邂逅。我认识有家里投资200万去留学，归国后卖手机月收入2000元的朋友。并不是出国就能够得到自己想要的。当然，国外的经历也可能让一个人认识到自己想要什么。

MY BEST FRIEND

我第一个结婚的大学同学。

大一时，新生会去参加“枫叶旅行”，因为在早上八点集合，头一天晚上没睡的我，一上大巴就直奔最后一排呼呼大睡，醒来时还没到，就和旁边的同学聊天。车上本来特别安静，不知道什么时候开始，我和周围的同学一起唱起歌来，然后一排，两排……一片欢声笑语。那次以后，我们就常常一起偷带饭盒进图书馆，组成了“星星帮”。“星星帮”一直有一位自喻巨星的Rui同学，发挥着他极其搞笑的东北人性格，唱歌也特别好听。当时谁都不知道，他的学费是向银行贷款半工半读挣来的，更想不到的是，他是我们中第一个结婚的男人，还把老婆接过来一起奋斗。 当他开玩笑般地说着他在7-11打工时的辛酸事时，我对他由衷地敬佩。

DO MY BEST

在我考上大学那年，大家称中国股票市场为“牛市”。2007年金融业可以说达到了产业的历史顶峰——至少深深地吸引了我们这些留学生以及他们的父母。当然也包括随波逐流的我。谁知道，大二开学那天，教授就以“五大投行金融瘫痪”为题，开始上第一堂课。虽然我以刚好及格的成绩“摔”进了罗特曼商学院金融系二年级，可是爬起来时才发现大家已经在全速奔跑。 我开始问自己：“ 这是我该来的地方吗？”

如果曾经的好友因为他们过于优秀而与我分道扬镳，我想不到比这压力更大的事情了。“星星帮”里有几位轮流考取本年级的最高分，而我和“星星帮”里一位在香港大学认识的Ric则轮流当倒数第一。难道是物以类聚吗？哈哈，我们成为了大学室友。

ALL ONE'S LIFE

在那次“枫叶旅行”中，我还认识了对我影响最大的CBC—— 乔治。 CBC也就是Canada Born Chinese的缩写，也可称作“香蕉人”，外黄内白——中国人的外表，白人的性格和思维。他的父母都是广东人，可是他自出生就没有到过中国。乔治是J-Pop的忠实粉丝，Blues吉他弹得很棒。由于他的粤语比我的英语烂，我们之间只能用英文交流。 当然，刚进多伦多大学，有很多我无法理解的事情乔治都会告诉我，教会了我很多。他帮我交过房租、洗过水果，我们一起写过歌，打过乒乓球。他是我和Ric的另一名室友。

有无数个夜晚，George、我和Ric，我们在不大不小的唐人街楼上的房间里度过。 最后爆个料吧，George也被我拉去参加过“快男”。 Ric又帅性格又温和，还是个“厨男”。

RUN WITH YOU

JAKI

快乐你要带回家·

谭杰希青春印象纪念册

HAPPINESS is on your way home·

Year book of young impression of Jaki

JAKI

也许有了吉他，
才敢于唱出平时没有说出的真心话。

It is not enough to be
industrious, so are the ants.
What are you industrious for?

在“星星帮”的支持下，我参加了2008年度的“北美K歌王争霸赛”，也就是2009年时，武艺也参加的那个比赛。赢了部电脑回家，还不错！

BE WORTH
DOING

当大家都赋予90后这个群体 “自私”“不独立”“脑残”这些形容词时，我发现武艺身上有那么多可以击败这些言论的品质。他纯洁，礼貌，时而像个小粉丝，时而尽显巨星风范。军训时我对他说过：“虽然很多人觉得你比我帅，但我只是觉得你可爱而已。”我厚着脸皮接着说：“我刚通过观察发现，如果你现在也算帅，你以后会帅到翻很多番，像体操运动员一样飞了很多圈落地的endingpose一栏站稳，然后散发出真正的气质和魅力。”他立刻高兴得像个孩子，所以我还是喜欢叫他武宝宝。

李炜就没什么好说的了，比赛时整晚上不睡觉，早上起来脸浮肿得跟猪头一样。一大早起来就吓我，“维他命”们好好管管。

OPTIMIST:
A MAN WHO GETS TREED BY A LION
BUT ENJOYS THE SCENERY.

刘心一直是我比较“怨恨”的选手，歌写得好，唱得好，吉他弹得棒。而且最重要的是，大家都戴眼镜，干吗他的眼睛比我大那么多！后来，还把我PK掉了。我们俩的人气都不是最高的，演播厅里粉丝的呐喊声响起时，“刘心”和“杰希”听起来几乎是一样的，咱们俩的粉丝还很团结，嗯，那我原谅你好啦！

《女朋友要带回家》是2009年写的，当时爸爸看到歌名的时候还以为是不良歌曲。好吧，再不良也是写他们的。

参加比赛的确改变了一个人的生活。它让两个人回不去加拿大，让一个人脸变浮肿，还让人每天提心吊胆担心被PK掉。时间过得很快，总决赛已经比了那么多场。

到最后，晋级的喜悦开始变得越来越奇怪了，就算是晋级了，也会想着下一个被淘汰的会不会是自己。

比赛就是一个优胜劣汰的过程，总会有一部分人开心，有一部分人不开心，而且优秀的定义永远都不明确，晋级就好。这也许是为什么很多人参加工作后世界观被很大程度地改变了。我只好不断地告诉自己，在任何领域，不论走多远，常常想想最初的梦想是什么，做到了就好，了不起，一级棒！！！

从海选到进入全国300强，印象比较深的是在广州赛区跟李炜一起去吃兰州拉面的时候。
他很爱美，我也爱美，只是我没他爱得那么隆重，我更爱自由。 别问我为什么总是提到李炜，他自己老在我面前晃！

因为比赛的缘故，还有一个人让我记忆深刻。

那是在我要去长沙比赛前，Bill刚好在长沙，说要带我去拜神许愿。我在机场苦等了三个小时，却因为航班取消而被机场工作人员安排在机场酒店里过夜，我被分到和一个陌生人住同一间房。很难想象，我就和这个素未谋面的人聊了一晚上。

他的职业很特殊——心训师，和其他教师不同的是，他并不教人成功，只教人如何感到幸福。

那晚的谈话很愉快，天没亮前我就离开了酒店，自己坐车回了广州，也许是我觉得此行的意义已经实现了。

直至现在，我们偶尔还会通电话问候对方。

THE PREVIOUS SADNESS IS KIND
OF TREASURE, WHICH MAKES YOU
BETTER TO HOLD AND CHERISH
THE PEOPLE YOU LOVE.

JAKI
谭杰希青春印象纪念册
快乐你要带回家
HAPPINESS IS ON YOUR WAY HOME -
YEAR BOOK OF YOUNG IMPRESSION OF JAKI

JAKI

住地下室的音乐前“鬼”

其实每个人在每个阶段都有不同的挚友。

幼儿园同班的，小学一起打架的，中学一起逃课的，高中一起玩音乐的，大学一起通宵复习的，上班一起喝咖啡的……

人生最痛，莫过于无法回到那样的友谊，那样的心情。毕竟大家的环境和话题都在改变。

李阳却是个例外，也许因为他“十年如一日”吧。 印象中，他初一时多高，现在就多高；以前有多土，现在还多土；以前有多“宅”，现在更“宅”了 。 更重要的是，不管什么时候总是能找到这样一个人——可能他正在玩过气的网络游戏或者看幼稚的动画片，偶尔弹弹几乎没有任何进步的吉他，讲讲他以龟速更新的感情新闻。他总是那样，总是……算了，不知道怎么说他。

VE CAN BE
OGETHER.

他是那种对待一切名利都很淡定，淡定到有些无聊的人。（笑）
也是那种看见人间百态就很有正义感，正义到会突然火大的那种人。

就像“蝴蝶效应”一样，任何一个细节的改变都可能影响人的一生。我要感谢这些人：主持人刘铭铭，张达，王晓峰老师，韩苞老师，谷峰老师，小柯老师，小柯音乐学校的每一位老师——夏峰老师，周治明老师，山河老师，“高速公路”乐队的每一位老师——何老师，敖君怡老师，陈建宁老师，丁薇老师，洪涛老师，宋柯老师，王皓，浩浩，高晓松老师……我的朋友：Arkin，Ric，Nic，Amen，Adward，Bill，Rui，PP，Rei，Daniel，Shawn，T，Eric，Lawlis，Dan，KK，Jayla，George，Anan，Peng Peng，Shan，Yico，Rapsis，Leon，Ryan，Mikan……太多了，就这样吧。晚安，对了，愿你们的愿望都能实现。

Polaroid
Supercolor
JAKI

FEEL MY WAY

FEEL LIKE DOING SOMETHING

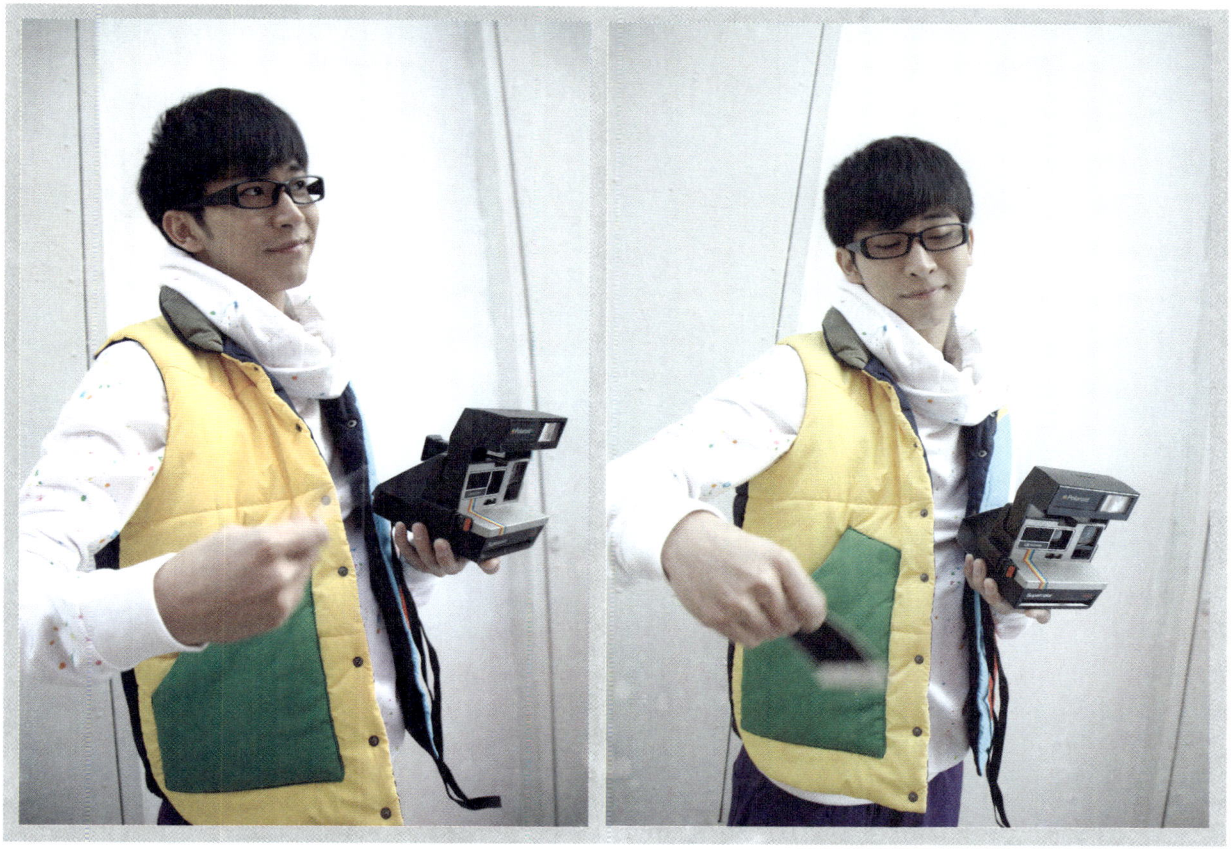

JAKI

Polaroid
635
Supercolor

Polaroid
635

如果可以，真希望能参与拍摄一部记录留学生活的电视剧或电影。

故事以一个留学生的身份去观察这个世界和它不同的阶层：唐人街、白宫、贵族、难民……每个人的身份都不一样，他们因为不同的原因来到这个国家、这个地方生活。但每个人身后都有值得津津乐道的故事。

用不是很好的英语与不同国家的人谈话的好处,除了会使其痛苦外，更重要的是可以听到一些本不可能知道的事情。而我最大的体会就是——每个人都值得我去尊重，每个人都有他们的价值和故事。

ColorFUL
JAKI
IF YOU DO NOT LEARN TO THINK WHEN YOU ARE YOUNG, YOU MAY NEVER LEARN.

JAKI

快乐你要带回家

谭杰希青春印象纪念册

HAPPINESS IS ON YOUR WAY HOME · YEAR BOOK OF YOUNG IMPRESSION OF JAKI

JAKI

世界上的一队小小的漂泊者呀，
请留下你们的足印在我的文字里。

“我们一起进12强。”

“啊，不可能吧，如果进了的话，我请你去英国旅游。对了，去一次大概多少钱啊？”

“一个人少说也要两万吧。”

“哦。两个人就要四万，我算算啊，如果我一个月挣1万，存7000，那半年以后就可以去了！”

“如果你进了12强还需要上班吗？”

“是哦！”

“还有，干吗要请我一起去？”

“当翻译啊！”

“……谢谢。”

很多人的潜力都是无限的，只有想不到，没有做不到。

每个人都有自卑的时候。当然也包括我，有时觉得自己真的一无是处，什么都会一点，但什么都不精，俗称“半桶水”。我有些朋友外貌英俊，有些同学3.9 GPA，有些唱功完美，有些博览群书，有些年轻富有，有些……哎！自卑啊！我在想，好像没有一样能比得上别人的。可是“半桶水”又如何呢？冠军刘翔只有一个，如果让他参加厨艺大赛还不一定比得过刘心呢。No effense，有句俗话：人比人比死人。小学的教育是：“不能拿自己的优点和别人的缺点比。”但我发现大家都是在“拿别人的优点和自己的缺点比”。这不是自讨苦吃吗，尊重他人的品质固然重要，可是要成功就必须“拿自己的优点和别人比”。好吧，我并不是要反对中国的教育制度。我要和你们说一个关于“快男”选手的故事。

J A K I

有一个人总是很自卑，每一场比赛前都做好了被淘汰的准备，哪怕是晋级了，他也是目光呆滞面无表情。 他总是和我说不知道自己是怎么进入12强的，“300强里有的是唱得比我好，长得比我帅，优点比我明显的”，可这个人却站着说话腰不疼地当上了2010年“快乐男声”全国总冠军。 如果你重新看比赛时的23万人海选视频，可能没人能预料到这个扑克脸会是冠军。但歌声有力量，品位这么潮的，内心如此强大的，综合起来，就只有李炜了， 不是吗。 说这么多除了想让他请我吃顿饭，更重要的是希望大家知道：每个人都是唯一的，你的言行举止、思想品位，以及内外环境都会直接影响你，成就了你的独一无二，没有人能比得过你。

敖君怡老师曾说过：『谭杰希可能唱功不是最好的，长得不是最帅的，可是他唱歌很特别，感觉就像是把我们请到了他家厨房听他唱歌。』

FORWARD

"成年了，参加个选秀纪念一下。"曾轶可接受采访时说的。是啊，选秀本身就是一个梦想。
经历梦想的感觉真好。

“我不担心人气被比下去，总有人希望听音乐的时候笑一笑吧。”

JAKI

"比不了赛，回去上学"，难道不是吗。没什么大不了的。

动物吃饱喝足繁衍后代就别无所求了。人却很奇怪，必须通过别人的认可来证明自己的价值。渔夫和有钱人，你想做哪一个？

11
谭杰希
乐

JAKI

无论怎么选择，也许都是一样的。有得必有失吧，

“神马”都是浮云，只有快乐才是真的。

我现在住的地方，有一张床，旁边有一个小高台，那里有一个窗，可以坐在那里写歌看风景。

虽然现在不用上学，每天也睡不够，时间被安排得很满，
但是我在做我所向往的事情，这也是难得的自由，不是吗？

每个人都希望成为生活家，只是他们还没找到生活的价值在哪儿。

11
谭杰希

现在的孩子从上幼儿园开始学习语数英，中学加修理化生史政地，强势点的家庭还要让孩子去学萨克斯或者钢琴，而高考这关都过了的全才们毕业后却不知道自己想做什么，该何去何从。

想象他们在20年后某天晚饭后看电视时感叹：要是我当年努力一把说不定会是歌手、厨师、造型师、设计师、卧底…… 刚好这时他们的孩子从书房里走出来上洗手间，便遭到他们的大吼："要是你不努力考上重点就得去扫大街！" 其实我一直不明白，为什么考不上重点就要去扫大街呢？ 为什么你放弃了自己的梦想还要我放弃我的？还有，扫大街到底有什么不好的？

生活要livehigh。

行行出状元。在我们不知道自己未来的方向之前，我们按照前辈们的指示去学习、生活、玩耍。 当我们更了解自己的时候，请给自己一个为梦想努力的机会。哪怕那是渺小的，不被看好的梦想。宏观地说，时代一直在变，这个世界任何一个领域都需要真正的爱好者去开拓。关上家门，年纪一直在长，我们的热情只会因为服从和妥协而渐渐消逝，成熟并不是年纪轻轻就看破红尘，而是做那个年纪应该做的事情。如果想为自己好好地生活，做出你的选择吧。

11
谭杰希
02

那么并没有看破红尘的我现在这个阶段的追求是什么呢？

我想做自己喜欢的音乐，我想主持别人看了会笑的节目，我想表达我认同的观点。也许对很多成功人士来说，艺人是一个不被重视的职业，光鲜靓丽的舞台背后是一个大染缸。可是社会哪一个领域是完美无瑕的呢？只不过娱乐圈的负面新闻被好奇放大镜暴露在公众面前了而已。而这些都与我无关，我只是个普通人，一日三餐吃喝拉撒衣食住行。我的信仰就是让我能接触的人感受到平凡的快乐。曾经的学生谭杰希如此，现在的『快男』谭杰希亦是如此。如果有人因为喜欢我，而更喜欢自己的生活，我想我已经实现了我最大的价值。我会深深地感到满足和幸福。

和你们一起成长难道不是一件很棒的事情吗？

当听到别人在何老师面前很兴奋地说："啊，我是看着你的节目长大的！"何老师总是幽默地说自己的年龄被曝光了，他在金鹰节得奖时感谢观众那么长时间以来没有厌倦他这张脸。其实，我对何老师是多么羡慕，因为我的身边就有许许多多因为他而变得更好更幸福的人。

JAKI

HAPPINESS Is on your way home.

Year book of young impression of Jaki .

快乐你要带回家·

谭杰希青春印象纪念册

HAPPINESS IS ON YOUR WAY HOME·

YEAR BOOK OF YOUNG IMPRESSION OF

JAKI

快乐你要带回家·

谭杰希青春印象纪念册

希

JAKI